THE FLYING TOPS

ちょんかけごま

監修
肥後ちょんかけごま保存会
文
山本貞美

はじめに

みなさんは「ちょんかけごま」という名前を聞いたり、またその技(わざ)を見たことがありますか？

「ちょんかけごま」は、床(ゆか)で回(まわ)る「こま」とはまったくちがいます。一本のひもを自由自在(じゆうじざい)にあやつり、空中で回すのです。まるで曲芸(きょくげい)のようなダイナミックな技がたくさんあり、熊本市(くまもとし)の無形文化財(むけいぶんかざい)にも指定(してい)されています。

技は難しいですが、途中で投げださず辛抱強(しんぼう)く取り組めば、だれでも上手に回せるようになります。難しいだけに、できた時の喜(よろこ)びは格別(かくべつ)です。一つの技ができたら、次から次へと挑戦(ちょうせん)したくなります。

空中に舞(ま)い上がる「ちょんかけごま」に夢(ゆめ)をたくして、はじめましょう。

目次

はじめに ……………………………………… 2

楽しい「ちょんかけごま」
「ちょんかけごま」の実践 ………………… 4
「ちょんかけごま」の高度な技 …………… 5

「ちょんかけごま」に挑戦 ① 【初級】
(1) 基本の技1「本がけ」 ………………… 6
(2) こまの握り方 …………………………… 7
(3) こまをひねる・落とす ………………… 8
(4) こまをまわす …………………………… 9
(5) 「本がけ」へのステップ ……………… 10

「ちょんかけごま」に挑戦 ② 【中級】
(1) 基本の技2「小ぶり」へのステップ …… 14
(2) 「小ぶり」習得のためのワンポイントレッスン1 … 16
(3) 「小ぶり」習得のためのワンポイントレッスン2 … 17
(4) 「小ぶり」を極める …………………… 18

「ちょんかけごま」の技
(1) 「鯉の滝登り」へのステップ ………… 20
(2) 「うぐいすの谷渡り」へのステップ …… 21
(3) 「鳴門のうずしお」へのステップ …… 22
(4) 「てのり文鳥」(指のせ)へのステップ … 23
(5) 「背くぐし」へのステップ …………… 24
(6) 「足くぐし」へのステップ …………… 25

「ちょんかけごま」昔・今・これから ……… 26

「ちょんかけごま」ステップカード(本がけ編) … 30

あとがき ……………………………………… 32
山本貞美

楽しい「ちょんかけごま」

「ちょんかけごま」の実践

「ちょんかけごま」は、こまの心棒をひもに引っかけ、空中で回したり投げ上げたりします。少し難しいのですが、練習を重ね、上達するにしたがって、子どもたちの目は真剣になってきます。遊びを通して忍耐力や集中力を養える「ちょんかけごま」を紹介するために、小学校や老人ホームで技の披露や授業実践を行っています。

鳴門西小学校で技の披露

鳴門教育大学「ちょんかけごま」公開講座の様子

鳴門西小学校4年生の授業風景

老人ホームを訪問

鳴門西小学校5年生の授業風景

日英伝承遊び大会に参加

「ちょんかけごま」の高度な技

うぐいすの谷渡り

「ちょんかけごま」に取り組むには、まず「本がけ」という技をマスターする必要があります。本書では「本がけ」ができるようになるステップを、写真やイラストでわかりやすく解説しました。

　まずは「本がけ」をマスターして、そして高度な技を目指しましょう。

こまを少し振り上げ、落下してくるところに、ひもを横一文字にかまえて受けとめ、ひもの上を左右に移動させる。

球磨川下り

大ぶりから放りあげたこまを左のてのひらに受け、こまを回しながら腕を逆にひねってこまを下ろす。それを3回ほどくり返し、球磨川の急流をイメージする。

鯉の滝登り

小ぶり中のこまに回転力がついた時、心棒にひもを手早くひと巻きして、こまを垂直に上昇させる。

あげひばり

小ぶりからこまを空高く放り上げて、落下してきたところをひもで受けとめる豪快な技。名人ともなれば20メートルから30メートルも高く上げる。

「ちょんかけごま」に挑戦 1 【初級】
（1）基本の技1「本がけ」

「本がけ」は、一度こまを空中に投げ上げ（うかせる感じ）、ひもをかけ直す技です。「本がけ」をすることで、ひもがもつれることを防ぎ、連続してこまを回し続けることが可能になります。

正面から

横から

   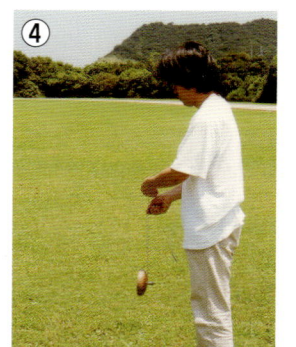 

（2）こまの握り方

こまの心棒を見てみましょう。ふつうのこまより太いのが特徴です。

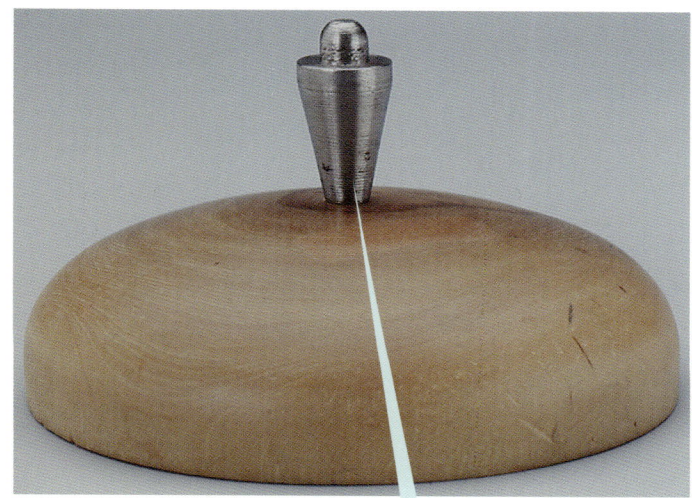

これがこまの心棒です。

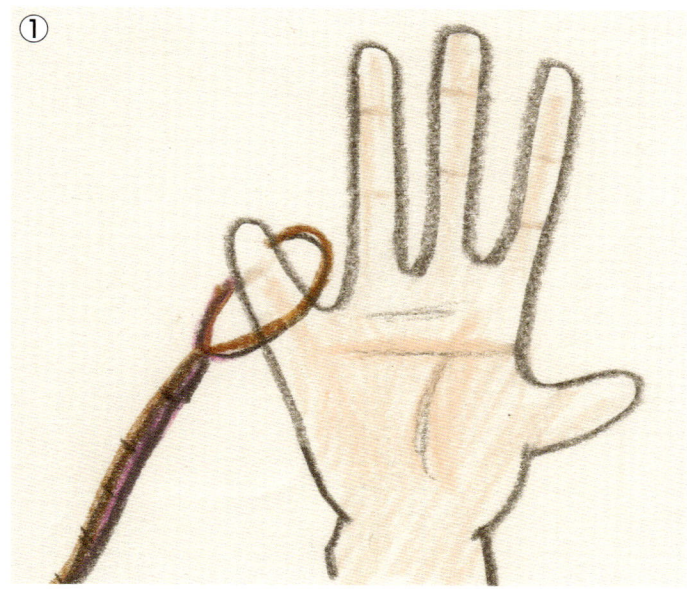

① きき手の小指にひもをつけ、かたくしめます。

② こまにひもをかけます。

③ こまの心棒を握ります。

テクニカルポイント ひもは、心棒と直角にします。

(3) こまをひねる・落とす

①
心棒を3本の指で握ります。

②

③
こまの回転がひもに伝わるようにひねります。

④

⑤
左手のひもをゆるめながら、こまを少しずつ降下させていきます。

⑥ 
両手をそろえます。

テクニカルポイント　こまをひねる時、手首をつかってまわさないようにしましょう。
手首をつかうと、こまがすぐにひもから離れて落ちてしまいます。

（4）こまをまわす

テクニカルポイント

1. 右手を大きく上下に動かします。左手は、こまがはねないように、バネがわりのつもりで調整します。
2. 心棒が下を向いたり上を向いたりする時は、両手を前後・左右に動かして、傾きを調節します。

① 「タタン」というリズムで、右手を上下に動かします。

② たいこをたたくような感じで、リズムよく。

③ こまがひもの上ではねないようにしましょう。

(5)「本がけ」へのステップ

こまにひもをかけ、体の方に向けて、かまえます。

指でのばしたひもの方向にひねると同時に、左手のひもを自然とすべらせます。

左手のひもを少しきつく持ち、こまが勢いよく落ちないように注意します。

右手を真上に引き上げながら、こまに回転をつけます。左手はバランスをとるだけにします。

⑤

両手をそろえます。

⑥

両手を横に広げて、こまが胸(むね)の前まで上がるようにします。その時こまの心棒(しんぼう)が、自分の方にきちんと向くようにします。

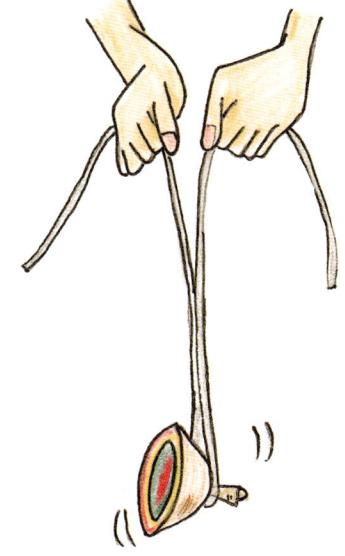

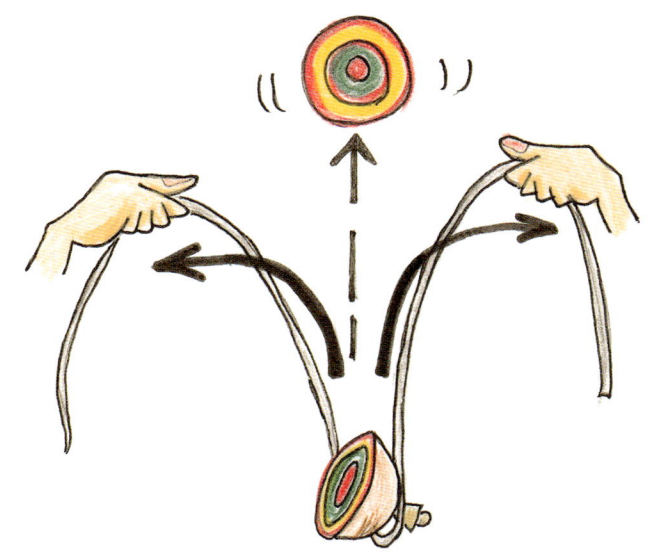

テクニカルポイント
1. こまを上げる前に、一瞬(いっしゅん)手の動きを止めます。上げるタイミングが大切です。
2. こまの心棒を体の方に向かせるには、心棒が(時計の針(はり)の)7時か8時の方向の時、両手を広げるようにします。(上の図参照(さんしょう))

こまをうかせる時、左手のひもをはなします。

はなしたひもを短くしてつかみます（20cm位）。

姿勢に気をつけます。足を動かしたりしません。

右手を横に大きく振らないようにします。

体の中心と右わきの間に、こまを上げます。

おろした位置から真上に上げます。

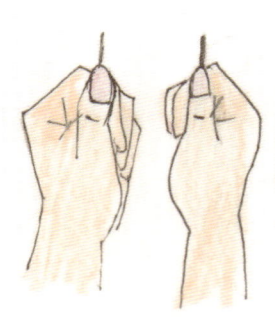
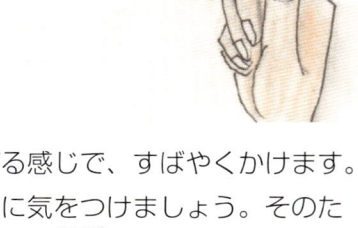

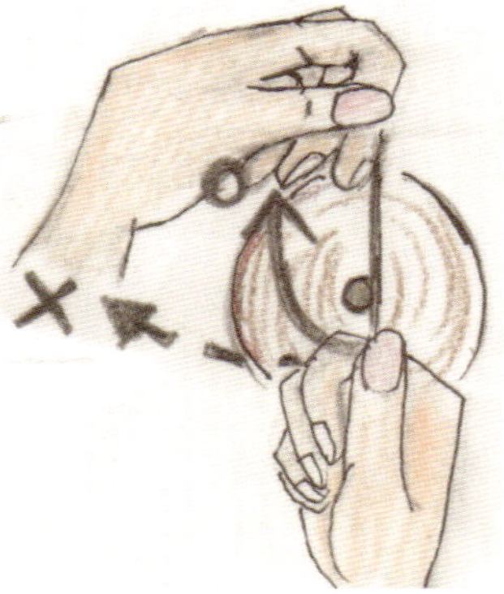

ひもは、心棒をすくい上げる感じで、すばやくかけます。こまの位置が動かないように気をつけましょう。そのためには、ひもをかけた直後に、親指のつめをそろえます。

⑬ 心棒にひもをかけ、右手を上下に動かしながら、左手のひもを送り出します。

⑭ 少しずつこまをおろします。

⑮ 左手のひもを全部のばします。

⑯ 最後には右手も左手も、胸の高さにもっていきます。

「ちょんかけごま」に挑戦 2 【中級】

（1）基本の技 2　「小ぶり」へのステップ

「本がけ」でこまの回転をあげます。左手のひもの持ちかえがスムーズにできていますか？
「本がけ」が10回以上連続でできたら「小ぶり」に挑戦しましょう。

ステップ1　「本がけ」を確実に

テクニカルポイント
1. 初心者は、「本がけ」で回転をあげることが大切です。回転をあげるためには、右手をリズムよく上に引き上げるようにします。
2. 左手のひもがもつれないようにして、外側へ離すことが大切です。また、右手と左手のひもを操作して、こまの傾きを調整します。

ステップ2 「小ぶり」をやってみよう

ステップ1がクリアできたら「小ぶり」に挑戦しましょう。「小ぶり」は、こまを連続して回します。「本がけ」のようにこまを1回転させません。

①
②
③
④
⑤
⑥

テクニカルポイント
1. こまの心棒が、いつも自分の方に向いていなければなりません。
2. じっとして動かなかった「本がけ」と違い、「小ぶり」はこまの回転にあわせて、自分自身も円運動しながら、こまを回します。

(2)「小ぶり」習得のためのワンポイントレッスン1

テクニカルポイント

1. 「小ぶり」の基本形である「本がけ」の連続のような形（たてにこまを落とす形）で、「小ぶり」に挑戦しましょう。
2. はじめのうちは、「小ぶり」2回に「本がけ」1回というように、間に「本がけ」を入れるようにすると、「小ぶり」の感覚がつかめてきます。

(3)「小ぶり」習得のためのワンポイントレッスン２

ワンポイントレッスン１がクリアできたら、次は本格的な「小ぶり」の練習をします。
「小ぶり」100回に挑戦しましょう。

①

②

③

④

⑤

⑥

テクニカルポイント
1. ひもは端まで使い、ゆっくりと大きな動作で行います。
2. 右手の引きで、こまの回転が上がるようにします。
3. こまと体との距離を一定にたもつようにすると、安定します。

(4)「小ぶり」を極める

1 たて回転の「小ぶり」をやってみよう

「小ぶり」には、たて回転と横回転があります。まずは、たて回転をマスターしましょう。
これをマスターすると「鯉の滝登り」や「うぐいすの谷渡り」といった技が、できるようになります。

テクニカルポイント 写真④〜⑥のように、左足をやや前方にもっていくと、やりやすくなります。

2 横回転の「小ぶり」をやってみよう

次は横回転の「小ぶり」をマスターしましょう。この動作を大きくすると「大ぶり」になります。
「大ぶり」ができると「手のひら回し」「頭上回し」「鳴門のうずしお」といった技が、できるようになります。

①

②

③

④

⑤

⑥

テクニカルポイント 写真⑤⑥のように、左足をやや後方にもっていくと、やりやすくなります。

「ちょんかけごま」の技

（1）「鯉の滝登り」へのステップ

こまがひもを伝わって、上に移動していく「鯉の滝登り」は、子どもたちに一番人気のある技です。

- ●「小ぶり」をして、十分にこまの回転をあげておきます。
- ●こまの向きが地面に対して、できるだけ垂直（たて回転）になるようにします。
- ●「小ぶり」で、こまを受けた後、心棒にひもを巻きつけます。

テクニカルポイント ひもを引っぱると、こまは上昇していきます。しかし引っぱりすぎると、こまはその場で止まってしまいます。ゆるめると、降下していきます。

① 少しずつひもを引っぱります。

② こまが上昇しはじめたら、そのままの引き加減を保ちます。

③

④ こまは、どんどん上昇していきます。

⑤

⑥

⑦

⑧

⑨

こまが左手のそばまで上昇したら、ひもをゆるめて降下させます。降下したら、再び「小ぶり」に戻ります。

(2)「うぐいすの谷渡り」へのステップ

「うぐいすの谷渡り」は、ひもを横に張り、その上でこまを左右に移動させる技です。

- ●「小ぶり」をして、十分にこまの回転をあげておきます。
- ●こまの向きが地面に対して、できるだけ垂直（たて回転）になるように調整します。

①

②

③

④

ひもを左右に張り、こまを受けます。　　　　　　　　左手を下げ、ひもを左に傾けると、こまは左に移動します。

⑤

⑥

⑦

⑧

ひもを右に傾けると、こまは右に移動します。③から⑧をくり返し、最後にこまを投げ上げ、「小ぶり」に戻ります。

(3)「鳴門のうずしお」へのステップ

「鳴門のうずしお」は、こまを頭上で大きく回してから、体の前で回し、最後は上に引き上げるダイナミックな技です。上から見ると、まるで鳴門海峡で見られるうずしおのようです。

- 「大ぶり」をして、十分にこまの回転をあげておきます。
- ひもの長さは自分の身長くらいです。ひもを長くすると、よりダイナミックになります。

①  ②  ③

左手で持っていたひもの端を右手に持ちかえ、2本のひもを右手に持ち、そのまま頭上で大きく回します。

④  ⑤  ⑥

終わったら、「小ぶり」に戻ります。

テクニカルポイント
1. ひもがたるまないように、ピンと張った状態で回しましょう。
2. ひじをできるだけ伸ばし、手首で回すのでなく、腕全体で回すようにしましょう。

（4）「てのり文鳥」（指のせ）へのステップ

「てのり文鳥」は、こまを人差し指や小指で受けとめ、そこで回す技です。

● 「小ぶり」をして、十分にこまの回転をあげておきます。

このようにして、指にのせます。

こまをひもで受けず、左手なら小指、右手なら人差し指でこまを受けます。

① ② ③

投げ上げたこまをひもで受け、「小ぶり」に戻ります。

※慣れてきたら、左手から右手、右手から左手へと受けわたすこともできます。

(5)「背くぐし」へのステップ

「背くぐし」は、「小ぶり」をしながら、こまを体の後ろ側に通す技です。

「小ぶり」から「大ぶり」に変化させ、こまを右側より振り戻し、体の後ろを通して、体の前でひもをかけます。背中よりかかとの後ろを通すと思った方が、楽にできます。

こまが視界から消え、その後出てきます。

体の正面にきたら、こまを受けます。連続もできます。

終わったら、再び「小ぶり」に戻ります。

(6)「足くぐし」へのステップ

「足くぐし」は、「小ぶり」をしながら、こまを足の下をくぐらせる技です。

①
「小ぶり」をはじめるのと同時に、足を上げます。

②
上げた足の下に、こまを通します。

③
こまが上に戻ってくるようにします。

④

⑤
こまを受けます。

⑥

⑦
①から④をくり返します。

⑧

※写真では、右足左足を交互(こうご)にしています。他にも、右足→「小ぶり」→左足→「小ぶり」というようにリズムよくしてみたり、同じ足で続けるなど、いろいろな楽しみ方があります。

「ちょんかけごま」
昔・今・これから

中国大陸から熊本へ。

「ちょんかけごま」は、発祥の地は定かでないが中国大陸を経て九州の熊本に伝わったのは、今から約400年前といわれています。

技が難しいため受けつぐ人が減り、一時は消滅の危機に陥りました。しかし、曲芸のように宙を駆けめぐる、夢のある素晴らしい技を残そうという声が上がりました。また、熊本城天守閣の再建に合わせて地元の気運も高まり、1969年（昭和44）1月3日「肥後独楽チョンカケ保存会」が発足しました。

初代会長には浜崎規矩太があたり、会員数49名でスタートしました。第2代会長福田辰次郎、第3代会長吉本順蔵、第4代会長早田栄作、第5代会長森内俊雄と引きつがれる歴史の中では、会存続の危機に陥ることもありました。それでも歴代会長の地道で熱心な努力が認められ、1975年（昭和50）2月26日に熊本市無形文化財に指定されました。6年後の1981年（昭和56）11月には「ちょんかけごま」の伝統維持により、県知事から顕彰されるまでになりました。

1992年（平成4）第6代会長吉永砂夫になり、段位認定基準を定めました。それによって技も一段と向上し、多くの人前で披露する機会も増えてきました。熊本県芸能大会や熊本お城祭りにも参加し喝采をあびました。そのことが普及活動にもなり、国内だけでなくアメリカのモンタナやシアトル、タイのバンコク、スペインのマヨルカ等の外国へも文化交流として活動範囲を広げ、会員数も70名を超えるまでになりました。

1994年（平成6）4月に会の名称を「肥後ちょんかけごま保存会」と改め、2002年（平成14）からは第7代会長中村泰司になり、現在に至っています。

会の発足当時にくらべると、ずいぶんと技が高度になりました。毎月1回例会を設け、会員はお互いに研鑽を積み、技の向上を目指すと共に、伝統ある「ちょんかけごま」の技の保存・伝承に努めています。

「肥後ちょんかけごま保存会」メンバー

世界に羽ばたく「ちょんかけごま」

1999年（平成11）「第3回野外伝承遊び国際会議」の席で紹介された「ちょんかけごま」は、大変注目を集めました。床で回すこまとちがい、宙を舞うダイナミックな技が、外国の人々の度肝を抜いたのかもしれません。そこで、外国の人でも回せるように、イラスト入りの「ステップカード」を作成しました（30ページ参照）。現在この「ステップカード」は、英語、ロシア語、スペイン語、中国語、韓国語、ドイツ語の6カ国語に訳されています。

2001年（平成13）はイギリスで『日英子ども遊び大会』が、2002年（平成14）には韓国で『日韓子ども遊び大会』が開催され、そこでも「ちょんかけごま」は紹介されました。この2大会では直接指導の時間が設けられ、大きな好評を得ました。このような動きから、やがて「ちょんかけごま」が世界中の子どもたちの間に広がることも、夢ではありません。

公開講座で「本がけ」に取り組む受講生

「日英子ども遊び大会」に参加したちょんかけごまのメンバー

「日韓子ども遊び大会」にて、大韓民国の子どもたちと

楽しい伝承遊び入門「ちょんかけごま公開講座」

1998年（平成10）、徳島県にある鳴門教育大学において「ちょんかけごま公開講座」がスタートしました。最初の年は募集人員10名に対して、受講者はわずか6名でした。3年目にやっと定員を満たすようになり、4年目には「肥後ちょんかけごま保存会」の会員のみなさんを講師に迎え、開催することができました。

それから毎年参加者は増え、2003年（平成15）には30名の募集に対して、徳島県から、また県外は、東京、岐阜、鳥取、愛媛、高知、大阪などから集い、受講生は35名となりました。

2003(平成15)年度　公開講座参加者

公開講座は大変充実し、目標の「本がけ」または「小ぶり」を全員ができるようになりました。さらに「鯉の滝登り」に全員が挑戦し、大半の受講生は成功することができました。

2004(平成16)年度　公開講座参加者

「肥後ちょんかけごま保存会」による指導

受講生による「鯉の滝登り」の演技

こまの受け渡しによる「本がけ」の指導

小学校での実践

「ちょんかけごま」の本場熊本では、熊本市立春日小学校、葦北郡田浦町立海浦小学校、菊池郡大津町立室小学校をはじめ、多くの小学校が授業で「ちょんかけごま」に取り組んでいます。2004年（平成16）2月29日には、熊本市立春日小学校を会場に「第1回こどもちょんかけごまフェスティバル」が開かれました。第2回、第3回と続けていけば規模も大きくなり、「ちょんかけごま」の魅力は熊本県外にも広がっていくでしょう。

一例として、徳島県の鳴門市立鳴門西小学校の実践を紹介します。

鳴門西小学校では、総合学習の時間に鳴門教育大学の協力を得て2001年（3年生）、2002年（5年生）、2003年（4年生）と3年間取り組んできました。指導時間はそれぞれ6時間でした。

2004年にこれらの実践は終わりましたが、4年生の時に体験した子どもたちが学級会活動に「ちょんかけごま係」をつくり、授業終了後も活動を続けていました。それも子どもたちが自主的に作った係活動です。その子どもたちが5年生になり、ついに「ちょんかけごまクラブ」を誕生させました。すでに「小ぶり」や「足くぐし」ができる子

もいます。こまをお互いに受け渡しするキャッチボールもできます。
　キャッチボールをするためには、当然仲間が必要になります。仲間と協力して技が成功すれば楽しさも倍増し、さらに新しい技へ挑戦していく意欲が出ます。そうした中で、集団遊びの楽しさに気づき、うまくいかないときのくやしさ、逆にうまくいったときの達成感を通して、一つのことに夢中になることの素晴らしさを知ることができます。また、さらなる目標に取り組もうとする前向きな気持ちも生まれてきます。子どもたちは「ちょんかけごま」を通して成長しているのです。

　鳴門市立撫養小学校では2007年（平成19）から4年生に「総合的な学習の時間」に採用されています。また、2010年（平成22）には、放送大学の面接授業でも採用されました。

離れた場所（慣れたら２０ｍも遠く）から送られた「こま」を受け取る

「肥後ちょんかけごま保存会」による指導

５人並んで次々に「こま」を送る

夢中で取り組む子どもたち

「ちょんかけごま」ステップカード（本がけ編）

「本がけ」ができるようになるまでのステップです。
　ステージ1は、こまを回すための感覚を身につけるステップです。
それができたらステージ2へうつり、「本がけ」に挑戦しましょう。
できたらステップの番号に○をつけましょう。

ステージ1 「こま」になれよう！

ステップ	内容		ポイント
1-1	「こま」を正しく握る ・「こま」の心棒を3本の指（親指、人指し指、中指）でつまむようにして握る。	1-1	右手の親指・人指し指・中指で、「こま」の心棒をつまむ。
1-2	地面で「こま」を回す。 ・3本の指（親指、人指し指、中指）でつまみ、心棒を上に向けて地面で「こま」を回す。（「ひねりごま」を回すように）	1-5	右手小指の根元まで、ひもの輪を通す。
1-3	「こま」をたてて、地面で回す。 ・「こま」を地面に対して垂直に回す。（自分の場所に「こま」が戻ってくるような感じ）		
1-4	「こま」の心棒にひもをぐるぐると数回まき、「こま」を回転させながら下に落とす。 ・スムーズに回転させながら落とす。	1-5	左手でひもを持ち、心棒にひもを時計回りに1回まく。
1-5	ひもを右手の小指につけ、心棒にひもを時計回りに1回まき、「こま」をたてて、地面で回す。 ・ひもに「こま」を伝わせる。		

ステージ2　「こま」をまわそう!

ステップ	内　容
2-1	「こま」の心棒に1回だけまき、右手の3本の指でつまむ。「こま」の心棒を時計回りにひねりながら、左手のひもをゆるめながら下ろしていく。 ・「こま」を地面に対して垂直に持ち、左手は「こま」の上にする。
2-2	ステップ2-1のようにして、左手のひものはしまでゆるめ、しだいに両手をそろえていく。 ・親指をそろえるようにする。
2-3	「こま」を下ろし、両手でひもを握り、右手を上下させながら「こま」を回転させる。 ・「こま」を下ろすときに、ゆるめたひものはしをつかみ、右手で上下に動かす。その時左手は、バランスをとるだけにする。
2-4	右手をリズムよく上下に動かし、ある程度「こま」の回転を上げることができる。
2-5	両手を斜め上に広げて「こま」を胸までうかせ、左のひもをはなす。 ・新聞を広げるような動作で「こま」を胸までうかせる。
2-6	心棒が自分の方に向くように「こま」をうかせる。 ・心棒が自分の方に向く少し前でうかせるようにする。
2-7	心棒が自分の方に向くようにうかせて、胸の前で両手でキャッチすることができる。
2-8	先生や友だちから送ってもらった「こま」をキャッチすることができる。
2-9	先生や友だちから送ってもらった「こま」をキャッチし、「本がけ」ができる。
2-10	自分一人で、本がけができる。

ポイント

2-1　ま上から見るとこんな感じ！　←20cm→

2-3　最下部まで達した「こま」に、右手に持つひもを上下させ、回転を加速させる。

「こま」の心棒が自分の正面にくるように安定してうかせる。

●●●本がけのひものあつかい方●●●

①左右のひもを外側にひっぱりながら、左手のひもをはなす。

②右手に近い所（20cmくらい）のひもを再度左手ですばやくつかむ。

③ういているこまの心棒に、ひもを引っかける。

※一人で練習する時は、ステップ8，9をとばしてステップ10に進みます。
※このステップカードは右きき用です（左ききの場合は、左右がすべて逆になります）。

（谷野原案：山本ゼミ作成）

あとがき

　最近の子どもたちを見ていると、「姿勢の崩れ」が目立ちます。これは、夢中になることが少なく、脳の前頭葉が鍛えられていないからだと言われています。「夢中で一つのことに取り組む」ことは、とても大切です。集中力や忍耐力が養われますし、できないことができるようになることで得られる達成感を、子どもの頃できるだけ多く経験することが、その後の人生をより豊かにすると考えるからです。

　「ちょんかけごま」は、もう一地方に限られた遊びではありません。2003年（平成15）9月に日本体育学会で発表し、注目を浴び新聞にも取り上げられました。それを機に「第1回こどもちょんかけフェスティバル」も開催されました。本書の執筆と撮影に協力してくれた当時の大学院生三人とも現在小学校に勤務しています。中国大陸から日本に渡った「ちょんかけごま」が、これからは熊本から日本全国、そして世界へ広がることを願ってやみません。

山本貞美

1938年、熊本県下益城郡美里町に生まれる。1962年熊本大学教育学部卒業。1988年米国ニューポート大学大学院教育研究科教育専攻修士課程修了。1962年から熊本県菊池郡泗水東小学校、熊本県立山鹿高校、広島大学教育学部附属小学校を経て、高知女子大学保育短期大学部教授。1990年鳴門教育大学学校教育学部教授。その間、高知女子大学保育短期大学部附属図書館長、鳴門教育大学附属幼稚園長、同大学学部主事、同大学学校教育実践センター長等を併任。現在は鳴門教育大学名誉教授。2003年「肥後ちょんかけごま保存会名誉5段」を取得。
主な著書に『生きた授業をつくる体育の教材づくり』（大修館書店）『子どもの可能性を引き出す体育』（明治図書）、『「8秒間走」の授業づくりと課題』（パーフェクトランス）、共著に『体育科教育学（現代の教育学⑨）』（ミネルヴァ書房）『授業力向上をめざす授業観察法』（明治図書）、編著に『体育授業づくりへの挑戦①〜⑨』（明治図書）、共訳に『動作文化と動作教育－新しい体育の現象学的基礎－』（新体育社）等がある。

本書の内容に関するお問い合わせ先

〒772-0051徳島県鳴門市鳴門町高島字中島412
TEL　088-687-1436
E-mail：sadami@tv-naruto.ne.jp　　山本貞美

装丁・デザイン ……… DOMDOM
執筆協力 …………… 佐藤政臣
　　　　　　　　　　 篠原聡
　　　　　　　　　　 中嶋倫代

■参考文献
半澤敏郎『童遊文化史（第2巻）』東京書籍、1980
肥後ちょんかけごま保存会『ちょんかけ三十年』1999
山本貞美他『運動教材の研究・教科教育学研究　第15号』2000
篠原聡／山本貞美／神山豊／佐藤政臣『伝承遊びの教材研究－「ちょんかけごま」ステップカードづくり（小振り編）を通して－』鳴門教育大学実技教育研究第13巻、2002
佐藤政臣／山本貞美／篠原聡／中嶋倫代『伝承遊びの教材化における実践的研究－「ちょんかけごま」の効果的な指導法－』鳴門教育大学実技教育研究第14巻、2003
十津川加志『世界に羽翔け「ちょんかけ」』澪標、2004

ちょんかけごま THE FLYING TOPS

2004年10月　初版第1刷発行
2019年4月　　第7刷発行

監修 ……………… 肥後ちょんかけごま保存会
文 ………………… 山本貞美
発行者 …………… 水谷泰三
発行所 …………… 株式会社**文渓堂**
　　　　　　　　　〒112-8635
　　　　　　　　　東京都文京区大塚3-16-12
　　　　　　　　　TEL：編集03-5976-1511
　　　　　　　　　　　　営業03-5976-1515
　　　　　　　　　ホームページ：http://www.bunkei.co.jp
印刷・製本 ……… 株式会社廣済堂
ISBN978-4-89423-405-5／NDC798／32P／257mm×235mm

©Sadami YAMAMOTO
2004 Published by BUNKEIDO Co., Ltd. Tokyo, Japan.
PRINTED IN JAPAN

落丁本・乱丁本は送料小社負担でおとりかえいたします。
定価はカバーに表示してあります。